청어詩人選 227

물푸레나무를 닮은 여자

도지현 시집

도서출판 청어

시인의 말

늘 꿈꾸어 왔던 일이긴 하지만 나이 칠십이 넘어
첫 시집을 출간하려 하니 발가벗은 나신을
드러내는 것 같이 부끄럽고 겁이 납니다
그래도 고치 속에서 바깥세상을 꿈꾸던 애벌레가
고치를 벗어 버리고 저 푸른 하늘을 날고 싶었던
소망이었기에 벗은 나신이지만 독자들 앞에 나섭니다
부끄러운 글이지만 그래도 많은 사랑을 받고 싶습니다

차례

1부 꽃이 웃듯이

2부 간이역

3부 굴레

4부 이별 연습

5부 어떤 삶의 모퉁이에서

1부

꽃이 웃듯이

꽃이 웃듯이

한 가닥 잔설이 머리에 머물던 날
관세음보살의 합장과 함께
뽀얀 속살 드러내는 꽃이 피었다
며칠 피지 못하고 처절히 떨어져도
떨어지는 내내 그 보살의 미소는
말갛게 가슴을 훑어주고 가는데
누군가에게 나도 그렇게 기억되고 싶다

5월의 창(窓)을 열고

어깨를 들어 올리고
움츠렸던 가슴을 쭉 펴라
그리고 저 창공을 날아오르자

꿈꾸는 그대 푸른 새야
지금 여기는 신천지
우리들의 아름다운 세상이다

앨버트로스는 아니지만
그에 버금가는 기상을 가지고
꿈 나래를 펼쳐 이 세상을 가지자

꿈은 꿈꾸는 자의 소유
존재하는 모든 것을 사랑하자
사랑의 방울을 떨어뜨려
방울방울 파문이 되어 퍼지게 하자

이 아름답고 푸른 계절에
싱그러운 공기 가슴을 펴고 심호흡하자

그 길 끝에

닿지 않은 것
인고의 세월이었다
침묵은 늘 마음 끝에서
그늘을 만들어주었다

늘 원했지
나에게도 기회를 달라고
그런데 오지 않았다

끝없는 길 위의 삶
닳은 손톱에서 흐르는
붉다 못해 검은 선혈

그러나 꿈이 있기에
그늘진 침묵 속에서
파릇한 詩語가 탄생하고

선혈이 흐른다 해도
가야 했다
詩 싹을 심어야 했기에

기다리는 까닭

한 번의 만남
두 번의 이별이 올지라도
나는 언제나 이 자리에 있을 겁니다

작열하는 태양이
정수리를 까맣게 태워도
내 가슴은 순백의 순수일 것입니다

만남이 찰나였을 지라도
그 순간을 영원이라 여기며
비목어의 눈으로 한 곳만 볼 것입니다

기다린다 함은
가슴에 희망을 품는 일이라
그 희망 하나로 행복해지기 때문입니다

먼 훗날, 하늘 붉어지면
그대로 하여금 가슴 붉게 물들일
그런 날이 오리라 믿는 까닭입니다

꿈을 향해 나는 새야

이번엔 성공해야지
굳게 마음먹고 다시 도움닫기를 해본다
딴엔 힘차게 한다고 했는데
또 툭 떨어지는 것은
아! 아직도 멀었다는 하늘의 계시겠지

조금만 더 날면 잡을 것 같은데
조금만 더
조금만 더
조금만 더, 라는 것이 그렇게 힘든 것인 줄
자꾸만 절망의 늪으로 빠져들고

젖 먹던 힘까지 해서 안간힘을 쓰는데
그런데도 마음대로 되지 않는 것을
꿈은 그냥 품고만 있는 것이 아니라
그 꿈은 실현해야만 하는 것인데
언제나 저 새처럼 훨훨 날아 볼 수 있을까?

노을이 지면

노을은 볼 수 있는
눈을 가진 자만이 본다
얼마나 아름다운지
마음이 투명한 사람이어야
느낄 수 있음이다

어둠이 와서 삼켜도
검은 장막 뒤에는
분명 아름다운 노을이
존재해 있을 것을
믿을 수 있는 자만이 안다

여명이 아침을 깨우고
중천에 떴던 해 다시 기울어
붉어진 하늘이 아름다운 것을
그 사람은 안다 했다
가슴이 환하고 투명하기에

그래, 사랑이라 하자

언제나처럼
가슴을 찰랑거리는 무언가가 있다
더 넘치지도 않고
잔잔하게 밀려와 벅차게 하는 것

기다린 것도 아닐 진데
아침에 눈을 뜨면 햇살로 오고
저녁 저물어 가면 노을이 되어
잔잔한 여운으로 감동을 주는데

그 감정의 근원을 올라가면
너라는 지류에서 흐르는 맑은 물
쉬지 않고 퐁퐁 솟아나 주어
가슴을 적시고 또 대지를 적시니

누구라 선홍빛 사랑이라 칭하나
은은한 파스텔 색으로 물들여
스스로 젖어 스며드는 것
그래, 그것을 우리는 사랑이라 하자

꿈이 피는 동네

서서 손을 뻗으면
달을 딸 수 있다고
달동네라고는 하지 말라

비록 담장이 없어
성근 벽에
바람이 드나든다 해도
마음 따뜻한 이들이 살아

연탄불 위에 뽑기 끓이듯
사랑이 보글보글 끓는 곳
하늘로 오르는 계단이 있어
계단 높이만큼 꿈도 자라는데

밤마다 고운 꽃등이 달리고
누구도 넘볼 수 없는 인정 있어
네 것이 내 것 되고
내 것이 네 것도 되는
무지갯빛 꿈이 피어나는 동네

차를 우려내며

기다림이란
참으로 조바심 나는 시간이다
하마 하고 기다린 것이
벌써 내일을 향하는 시각

온다고 했으니
약조한 일은 지키겠거니
믿어야 한다고 하면서도
은근히 불안해지는 마음

그러지 않으리라
마음속으로 다짐을 해보며
사람을 믿는다는 것은
그만큼 사랑이 있다는 것

불씨를 돋우면서
다기를 주섬주섬 챙겨 본다
은은한 향기가 도는
차를 우리며 기다려 보리라고

물푸레나무를 닮은 여자

물에 우려내면
파란 물이 우러날 것 같이
언제나 창백한 얼굴을 하고

아무리 꺾어도
잘리지 않고 휘어지기만 해
아무나 건드리기 쉽지 않은 여자

무슨 슬픔이 그리 많은지
눈망울엔 그렁그렁 눈물을 달고
만지기만 해도 그냥 쏟아 낼 듯해

햇살이 비춰주면
창백하던 얼굴이 뽀얗게 피어나
방긋이 미소 지으면 세상 근심이 사라져

가슴에 폭 품어 주면
포근하게 안겨들 것같이 가녀린 몸
그래서 사랑하지 아니할 수 없는 여자

돌아보면 모두가 그리움이더라

소슬한 바람 불어
가랑잎 스치는 소리가
처량하게 들리던 것도
지나고 나니 그리움이더라

살아온 날 돌아보며
궤적을 편편이 더듬어
소복하게 쌓인 사연들도
돌아보니 모두가 사랑이더라

다시는 보지 않을 거라
앙다문 입술 선혈이 흐를 만큼
매몰차게 돌아 세운 그 사람도
보내고 나니 남은 건 가슴의 상처

삶을 살아가며 곳곳에 남긴 흔적들
아스라이 떠올리며 더듬으니
모두가 아름다운 추억이고 사랑이라
가슴 설레는 그리움 아닌 것이 없더라

매듭을 지으며

대나무가
또 하나의 매듭을 짓는다
지난 시간과의 단절이자
다음에 올 시간과 이음이겠지

쉼 없이 달려온 시간
잠시 휴식을 함으로써
다시 에너지를 축적해
또 세월을 달릴 준비를 하니까

삶의 열정이 높을수록
호흡이 가쁘고 숨이 찾지
그럴 때마다 잠시 여유를 가지고
새로운 매듭을 지을 준비를 한다

하나의 시간을 단절시키고
다른 하나의 시간과 이어가면서
세월 속에서 얼마나 많은 매듭을 지었을까
지은 매듭은 깔끔한 마무리였으면

빛으로 비상하리

나 하나 뉘일 자리
어디에도 없었다

조그만 소반 위에
웅크려도 보고
팔랑거리는 잎새 위에
흔들리며 앉았었지

부지할 수 없는
나란 존재는
어둠 속에 갇혀
길도 많이 잃어 보았어

누구도 알아주지 않는
어둠의 후예

그럼에도 비상하고 싶은 열망
끝없이 나래 폈지
아직은 작은 날개
언젠가는 빛으로 비상하리

자드락길에서

삶은 가끔
비안개가 끼어
앞을 볼 수 없게도 하더라

숨 가쁘게 올라온
가파른 언덕길인데
내리막길도 만만치 않게 힘들어
삶의 여정이란
언제나 숨차다

앞이 확 트인
신작로만 있다면 얼마나 좋을까
하나, 그것은 꿈일 뿐

때로는 에움길로 가서
여유를 즐겨보기도 하고
조금 더디 간다 싶으면
자드락길에서 묵직한 걸음
느껴보는 것도 해볼 만하지 않을까

봄날은 가더라

어느 유행가 가사처럼
연분홍 치마는 휘날리지 않아도
연분홍 꽃비가 휘날리고
그리고 봄날은 저만치 가더라

흩날리는 꽃비에
연민의 눈시울 붉혀도
뒤도 돌아보지 않고 가는
무정한 사랑처럼 그렇게 가더라

첫사랑 그 사람의 체취가
꽃들이 내뿜는 향기와 같아
주위를 돌아봐도 보이지 않는
텅 빈 가슴 부여안는 봄날은 가더라

종달새 우지지는 저 하늘
그때나 지금이나 한결같은데
서리꽃 면류관에 흐린 눈빛
알싸한 아픔에도 봄날은 가더라

해우소(解憂所)

어머니의 품속같이 푸근해
모든 망상과 번뇌를 벗어
고요하게 피어나는 명상과
버리지 못하던 욕망까지 합해
은근히 발효시켜
자연으로 돌려보내야 하는
그래서
자연과 인간이 하나 되는 곳이다

어느 산사의 해우소에서

천국으로 가는 계단

길고양이 한 마리가
첫 번째 계단에
질펀하니 몸을 뉘고 있다
큰 사찰 입구의 사천왕같이
험악한 인상을 하고

누구든 딱 걸리기만 하면
무간지옥이라도 보낼 듯이
섬광을 품은 두 눈은 빛나고
뼛속까지 볼 수 있는 투시 안으로
마음속의 흑백까지 구분하며
이곳은 아무나 가는 곳 아니라고

예리한 코는 시궁창 냄새와
가슴에서 나는 향기까지 감별하며
어떤 이는 통과시키고
또 어떤 이는 저지하며
지금도 그 계단 앞에서 지키고 있다

가을, 그는 떠났습니다

그는 떠났습니다
가슴을 사랑으로 붉게 물들이고
채 숙성도 하기 전에
붉은 언덕을 넘어
가파른 계곡을 내려와
갈대 휘날리는 강을 넘어
낙조에 물든 바다를 지나
다시는 오지 못할 길을
그림자도 남기지 않고
홀연히 그렇게 떠나갔습니다
곳곳에 남아 있는 흔적은
채 아물지 않은 상처
그래도 그대로 인해 행복했습니다
하얀 계절 속에서 그리워할지라도

하얀 가을

딱 이맘 때 쯤이었어
할머니의 장독 뚜껑엔 빨간 꽃이 피었다
유년의 기억 속 그 빨간 꽃은
푸르던 꿈이 붉게 물들어 낙하했고
눈이 매워 비비다 결국엔 울었다

그때쯤이면 앓았다
유행성 감기가 청하지 않은 손님이 되어
한 달 먼저 스며들었지
연약한 코스모스처럼 휘청거리고
바람만 불어도 휘어져 눕는 갈대였다

먼지바람이 부는 들판
황량하고 삭막해 서걱거리는 가슴
공기마저 탈색되어
하얗게 변한 빈한하기 짝이 없는
유년의 가을은 늘 그렇게 기억하는데

마지막 잎새로 남아

운명이라는 게 그렇더라
언제나 마음은 앞서 있는데
뒤처져서 힘들어했지

기러기가 줄지어 날아갈 때
그 무리에 속하고 싶은데
결국엔 같이 가지 못해 뒤쳐졌지

나만 따돌림 당하는 것 같아
의기소침해서 움츠려 들고
마음은 깊은 늪에 빠져들었어

그런데 생각해 보니 아니더라
먼저 떠난 것이 빨리 소멸하고
세상에 잊히기 십상인 걸 알았다

간신히 잡은 나뭇가지일지언정
잡고 버티는 것이 좋은 것을
세상 살아 보니 알 것 같더라

어느 눈 오는 날의 소묘(素描)

언제부터였을까
장독 뚜껑이 하얀 산이 된 것은
그 위를 까치 화백이
멋진 수묵화를 그려 놓았다

그 수묵화와 함께 들리는 화음
어머님의 다듬이 소리
리듬을 타고
하얀 나비들이 하늘하늘 춤추는데

나비가 되었다 꽃이 되었다
때로는 천사가 되어 미소 짓는
이런 날은 온 세상이 조용하고
난로를 피운 듯 따뜻하기 그지없다

언제부터였을까
나무가 벙글벙글 웃고 있는 건
삭풍에 헐벗어 오들오들 떨고 있더니
포근하고 하얀 솜옷을 입은 탓일까

주어진 날 동안은

그대 아시나요?
모든 것은
운명이고 숙명이라는 것을

삶이란 때로
내가 원하든, 원치 않든
정해진 방향으로 가는 것

그러하더라도
방향을 조금씩 수정한다면
물길도 변경시킬 수 있겠죠

마음에 감사의 꽃씨 심고
사랑으로 싹을 틔워 보아요
행복의 꽃이 함박웃음 웃겠죠

우리 주어진 날 동안은
한 알의 밀알이 되어서
풍요로운 열매를 맺어 보아요

태양의 전설

태곳적부터 그 자리에서
뼈마디마다
세포 하나하나에
생명이 있든 없든 상관하지 않고
따스한 온기를 채워주는
그는 우주 만물의 근원이다

누군가에겐 행복이 되고
또 누군가에겐 기쁨이 되고
또 사랑이 되는
그래서 큐피트 화살을 쏘아대는
그는 사랑의 화신
그리고 활력의 모태이다

위대한 그만의 능력
온 누리를 아우르고 보듬어주는
진실로 생명을 잉태하게 하여
먼 후일 자자손손 희망을 주어
환희와 희열을 거듭나게 하는
유일한 이 세상의 신이시다

아픔이 깊은 그대에게

삶이란 행로는
곧은길만 있는 것이 아니라
에움길도 있고 자드락길도 있는 것

때로는 가파른 비탈길도 있어
원하던 방향이 아니면
절망과 좌절로 생을 포기하고도 싶지

가끔 방향을 잃어
부평초가 되어 부유하다
진흙탕으로 된 웅덩이에 떠다녀도

그래서 깊은 상처를 입고
세상에 내몰린다 하더라도
"아픈 만큼 성숙한다"라고
누군가가 그랬지

포기하지 않고 한 발만
더 전진한다면 수렁에서 나와
새로운 신세계를 볼 수 있을 거야

탱자나무

사랑도, 이별도
폐부 깊숙이 아픔으로 스며들어
표피에 돋아나는 세포 하나하나에
깊은 한이 깃든 가시를 심었구나

헤어지는 것이 두렵고 서러워
가시로 찌르는 아픔을 인내하며
조그마한 틈도 내어주지 않게
서로 부둥켜안은 모습이 안쓰럽다

하늘을 원망한들 무슨 소용일까
그것이 운명이고 숙명인 것을
아픔도 속으로만 삭이고
슬픔의 눈물로 울타리를 만들어

방울방울 떨어지며 하얗게 피운 꽃
누구의 속박도 어떤 질시도
초연하게 받아내며 승화시켜
알알이 노란 꽃등을 켜주었구나!

2부

간이역

간이역

지친 몸 잠시 쉬어가려 했지
하루가 지나고 또 하루
그렇게 머무적거리다
남루한 모습 오늘 예까지 왔다

치열한 삶도 살아 봤고
좋은 인연 만나 사랑도 해봤지
이제 가진 것 다 나눠주고
간이역 광장 한구석에 나신으로 섰다

언젠가 떠나겠거니
쉼 없이 기차는 스쳐가지만
승차권 발부를 아니 해주니
아직 내 차례는 되지 않았나 보다

파리한 가슴에 초려한 눈빛
생의 끝자락에서 다 내려놓고
새털이 된 마음 초연하게
나 태워갈 기차를 기다려 보는데

꽃 지고 잎 진 자리에

온 세상이 텅 비었다
천 년을 그 자리에 있던 바위도
허망한 눈빛을 감출 수 없어
쪼그리고 앉아 흙만 긁어댄다

긴 세월, 늘 그랬지만
그때마다 새로운 상처가 돋아
흘러내리는 진물을 주체할 수 없어
닦아낼 때마다 고통이었지

계절이 가고, 세월 흐르면
거칠고 투박해진 표피에서
발갛게 새살이 돋아날 수 있을까

그런 기적을 신께서 내린다면
삶의 갈피에 곱게 끼워 넣고
이 세상 제일 행복한 사람이라 하며
그 황홀하고 찬란한 기쁨을
오래도록 간직하고 감사하리라

빈 배처럼

생명의 윤기가
이제 녹슨 청동거울처럼
푸르스름하고 누르퉁퉁하다

살면서
하나씩 빠져나간 영혼
어느 교회당 첨탑에 걸렸을까

나부끼는 깃발처럼
다 비워버린 손바닥엔
손금까지 하늘로 날아갔는데

찰랑거리던 강
언제부터인가 바닥이 보이고
비스듬히 기울어 있는
늙은 빈 배 하나 외롭게 섰다

가을비는 추적추적 내리고

무슨 슬픔이 저리 많은지
밤새 흘리고도 또 온종일
하긴 떠나보낸다고 함은
늘 가슴에 아린 아픔을 주었지

가는 이나 남아 있는 이나
멍울진 가슴에 상처로 머물고
무한 세월 속에 다시 만날 수 있을지
기약 없는 이별에서야 도리가 없지

체념한다 하면서도 남은 미련에야
무상한 세월 속에
또 한 자락의 연민을 남긴다

소리마저도 애를 끓이는지
저물어 가는 시간 적막 속에서
나지막이 흐느끼는 소리가
끝없이 끊임없이 귓가에 맴도는데

꿈속에서 꿈을 꾸는

살아간다는 것은
꿈을 걷는 일이더라
자신의 의지와는 다르게
정해진 규칙대로 가는 것을

시공을 초월하고
무시간성 속에서
자아를 찾아 떠나 보자
나는 어디에 있는가 의문을 품고

규칙에서 벗어나
궤도를 수정해가며
자신의 영역을 만들어서
오로지 나만의 공간을 만들자

어떤 곳에서 무엇을 하더라도
누구를 의식하지 않고
자신을 찾아간다는 것
마음 모아 정진하고 또 정진하면서

그리움, 그 너머에 있는 것

가꾸지 않아 서걱거리는
남새밭 같은 가슴 한편에서
언제부터인가 쓰르라미가 울고 있다

시린 마음에 아릿한 그리움
살구꽃 발갛게 핀 과수원 그곳
지금도 봄 되면 살구꽃 흐드러지게 필까?

먼 하늘에서 뻐꾹새 울면
유년의 철모르던 시절 그 추억이
연둣빛 아지랑이가 되어 피어난다

선홍빛 투명한 석류 알이
가슴을 열어젖히고 빼꼼히 얼굴을 내밀면
낙조에 물든 바다가 그리움으로 출렁거린다

싹이 되어 자라나는 유년의 그리움
가슴에 낙인처럼 찍힌 첫사랑의 그리움
그 추억들이 가물거리는 의식 속에 있는데

가을을 타는 강

허물을 벗은 나비가
나풀거리면서
유혹하던 꽃도
그 진액을 다 빼앗겨
마르고 퇴색해
이제 한물간 퇴기다

금빛 하늘을 자랑하며
가슴에 오롯이 품고
으쓱하던 강물마저 소슬한 바람으로
이랑 진 내 손등과 같이
주름투성이가 되어 찡그리는데

계절이란 그물망에 갇혀
버둥거려도 더욱 옥죄어 오는
오지도 가지도 못하는 영혼
결코 벗어던질 수 없는 아픔
한 계절을 보내고
서러움에 겨워 눈시울 붉히는 강은

고도(孤島)에서

모든 것이 정지된 세상
부서지던 포말이
그대로 화석이 되어
태초부터 있던 바위 같다

끼룩거리던 갈매기 소리도
귀에 와선 화살처럼 박혔고
하늘과 바다가 맞닿은 곳은
그대로 응고되어 누웠는데

온갖 잡다한 사념들도
기포가 되어 떠다니다
언어가 되지 못하고
산산이 부서져 가루가 되었다

텅 빈 뇌리에 상실된 영혼
고독이란 울타리 속에서
벗어나지 못하고
나 또한 화석이 되고 말았는데

비 내리는 간이역에서

삶에 지친 사람들이 모여드는 곳
갈퀴 같은 손가락 사이로
흐르는 비는 더 할퀴며 흐른다

인정도 메말라 삭막해진 가슴
어디를 바라보는지 모를
몽롱한 눈동자는
수런거리는 사람들 틈에서
자꾸만, 자꾸만 젖어 드는데

저마다의 행색으로
저마다의 사념에 잠겨
흔들지 않아도 흔들리는 삶 살며
잠시 잠깐이나마
마음 머물러 안식을 취한 간이역

비 내리는 플랫폼으로
낡고 녹슨 열차가 들어오면
비를 맞으며, 젖은 눈으로
어디론가 떠나기 위해 열차에 오르는데

버스 정거장에서

바람이 분다
옷자락이 펄럭하고 나부끼고
외로운 영혼 하나 그곳에 서 있다

기다림이란 어떤 건지
그리움이라는 것이 어떠한지
긴 세월 거기서 알게 되었다

누군가를 만나서 동행하며
비목어처럼 둘이 한 곳을 보고
한 나무에서 둘이 된 연리지처럼

그러다 어느 곳에선가
헤어져야 하는 운명을 가진
삶이란 각양각색 다양하다

외로운 영혼의 눈에 비친
현란한 네온이 점멸하다 꺼지는
거리는 어느새 적막이 휘감는데

함께 혹은 홀로 가는 여정

인생에서
긴 여정 홀로 가 아닌 함께할
동행인이 있다면 얼마나 좋을까

외로운 인생
따스한 시선으로 마주 보고
철도의 레일과 같이
평생을 함께한다는 건 축복이야

하나, 인간은 고독한 존재
언젠가는 홀로 가 되어
허공에 둥둥 뜬 눈동자에선
뚝뚝 떨어지는 눈물이 있지

그렇게 외로운 길을 가지만
잿빛 가슴엔 함께였던 추억이
아직 불씨처럼 남아 식지 않으니
쓸쓸한 여정이지만 함께라고 생각할 거야

야행(夜行)

끝이 없는 길이다
길은 암울하기 짝이 없어
걸어가는 길보다 하늘이 더 낮다

적막과 정적이 내려앉아
또각또각 하는 소리만
바람이 흩뿌리고 지나간다
굉음으로……

가야 할 길은 멀고
군데군데 웅덩이가 숨어 있어
한 발 내딛는 것이 두렵고 무섭다

그러나, 가야 하는 길
언젠가는 그 끝이 보이겠거니
조그만 불씨 하나 안아보는데

음습한 바람이 분다
머리도 어깨도 가슴까지도
흥건하게 젖었지만, 그 습기가 좋다

세월아, 어쩌란 말이냐

태엽 풀린 시계처럼
늘 그 자리에 있을 줄 알았는데
무상한 세월 속에
무심하게 흘려보낸 청춘

마음은 연둣빛 새싹처럼
부는 바람에도 흔들리고
두 볼은 홍조로 물드는데

예전 흑단을 자랑하던 머리칼도
바람 부는 날 가을 갈대가 되고
날이 궂으면 삭신이 쑤셔서
걸을 때는 관절이 덜커덩거리지

세월의 나이테가 늘어감에
이랑지고 늘어진 피부
안광도 흐려져 가물가물 보이고
아직도 하고 싶은 일이 많은데

아! 세월아, 어쩌란 말이냐
이 무정한 세월아!

시간의 교차로에서

순간이라 할까
찰나라고 할까
항상 그곳에 서면
설렘이 반이고 아쉬움이 반이다

다가올 시간은
어떠한 모습으로 올까
보낸 시간은
늘 미진한 느낌으로 남아
아쉬움을 주곤 하는데

때로는
형이상학을 생각하게 하고
동시에 형이하학도 생각하게 하는
복잡한 사념 속에서
어찌할 바를 모르기도 했지

흐르는 것도 시간이고
멈추어 있는 것도 시간인데
그 교차로에 서면
상반된 생각으로 이율배반이 되는데

떠난다는 것은

떠난다는 것은
온전히 나를 두고
그대를 오롯이 품고 가는 일이더라

가는 발자국마다
핏빛 눈물이 웅덩이가 되어
온몸을, 가슴을 적시는데

사랑이, 그리움이
알알이 가슴에 추억으로 박혀
가슴벽을 찌르는 가시가 되더라

그러하더라도
떠남은 다시 만남을 기약하는 것
그런 희망하나 있었기에
핏빛 눈물의 강을 건너
긴 세월을 기다릴 수 있어

멈추어 선 것에 대하여

잠시 멈추어
無로 돌아가 보자
나는 없고
우주만 고스란히 남는데

하나의 알로
母胎에 들어가 있으면
유한하지 않은 세계가
끝없는 아름다움으로 펼쳐져

그곳에서 나는
우주 생멸의 법칙을 배우지
멈추어 섰다는 것은
끊임없는 思惟에 들어간다는 것

그리하여
멈춤이 곧 하나의 전진을 뜻하고
새로운 세계 속에서
무지갯빛 아름다움을 형성해

그 푸른 밤에

타박타박
들리는 건 내 발걸음 소리
너무나 적요하다

사위는 푸른빛이 감싸
때로는 신비하고
때로는 무서운 길이다

가면 아니 된다고 하며
그런데도 자꾸만 걸어지는 발길

지금이 아니면
평생 후회할 것만 같아
가다가 돌아서고
다시 돌아서 가며
마음만큼이나 서두르는 걸음이다

세상 끝까지 뻗은 길이라도
이 밤에는 가리라 하는 마음
그곳엔 내 꿈이 머무는 곳이기에

갈색 그리움의 눈물

모든 것은
그 자리에 머물러 있지 않고
변하기 마련인 거야
불교에서 말하는
제행무상(諸行無常)이 그렇다고 했어

세월이 가면
찬란하고 화려했던 시절도
퇴색되어 거무칙칙하게 되고
용솟음치는 젊은 혈기가
점차로 침잠되어 갈색으로 변하지

그러한 것은
자연의 섭리고 진리인 것을
그것을 역행할 수 없고
해서도 아니 되는 것이라
결국엔 순응해야 한다는 것을 알면서

우매한 마음은
아직 미련을 버리지 못하고
붉은 심장 그대로 간직한 채
육신은 바싹 말라
낮은 곳으로 떨어지는데

세월 속에서

오늘도 파도는
테트라포드에 부딪히고
파랗게 멍이 들어
산산이 부서져 버린다

앞을 가로막고 있는 저것을
죽을힘을 다해
피멍이 들어가며 돌진해도
자신만 부서질 뿐이지
부동의 자세로 버티고 있다

혼신의 힘을 다한
그러한 세월 속에서
무엇을 하였고
또 무엇을 위해 살았는지

질곡의 삶 속에서
아무리 독기를 품고
앙다문 입으로 침묵하려 해도
살아 있는 언어의 파편이
스멀스멀 기며 헤쳤다 뭉쳐져
버티고 살아갈 기둥이 되었지

세월을 흐르는 강(江)

그리운 이여!
달도 별도 이제 제집을 찾아갔는지
적막이 흘러 숨소리밖에 들리지 않습니다
적막을 여명이 걷어갈 때면
또 하루의 준비를 위해 기지개를 켜겠죠

긴 세월 동안
잘리지 않는 쇠심줄 같은 인연 때문에
옹이가 깊이 박힌 가슴엔
또 다른 옹이 하나가 자리 잡고 있네요

고달픈 삶 속에서
가슴 심연에 아무도 몰래 감추어두었던
비밀의 상자를 진정 견딜 수 없을 때
잠시 열어 보고 위안으로 삼죠

그리운 이여!
그리움이란 가슴에 흘러내리는 강물
그대를 알았던 때부터 멈추어지지 않아
긴 세월 동안 노도가 되어 흐릅니다

낙엽(落葉)

창 너머에 세월이 진다
시나브로 저물어가더니
어느 결에 가뭇없이* 사라진
그 세월 속에 나도 지는데

세월 끝에 걸린
가년스러운* 목숨이
가랑가랑한 목소리로
쉼 없이 뱉어내는 소리가
안쓰러워 가슴이 아프다

살아도 산목숨 아닌
죽어도 죽은 목숨 아닌
그 삶 속에서 버틴다는 건
천 길 낭떠러지 위에 선 것

세월 끝에 선 너나 나나
어디 하나 다를 바 없는
모태는 달라도 일란성 쌍둥이

* 가뭇없이: 전혀 안 보여 찾을 길이 없이
* 가년스러운: 어렵고 가난해 보여서 안쓰러운

기다림에 익숙해질 때

산다는 것은
기다림의 연속이다
성숙하지 못함인지
조급해진 마음 안달한다

안개의 늪에서 허우적거리며
오르지 못할 하늘 올라가려
깨금발도 뛰어 보고
없는 동아줄도 잡으려 했지

기다림이 있다는 것은
아직 희망이 있다는 것인데
깨닫지 못한 우매함에
흘린 눈물은 또 얼마였나

그래, 산다는 것은
결국엔 기다림의 연속이었어
생의 끝자락에서야 깨달으니
그동안 살은 세월이 회한인데

먼 길 돌고 돌아

삶이란
쭉 곧은길만 있으면 얼마나 좋을까
목표 지점을 정하면 사잇길도 있으련만

아둔한 머리로 그 생각을 못 하고
허리가 휘게 숨이 차고
아픈 다리 질질 끌면서
에움길로도 갔다가 자드락길로도 가고
안개 자우룩한 거리를 더듬으며
부평초같이 떠돌며 방황했지

민들레 홀씨가 자리 잡듯
자갈길에 그 많은 사금파리
거쳐 간 자리에 터전을 일구고
휘, 하고 한숨을 쉬고 돌아보니
입에서 단내가 나도록 살을 삶이
한순간 일장춘몽일 뿐인 것을

소멸(消滅)한다는 것은

인식하지 아니한 사이
땅이 서서히 갈라져 꺼져가고 있다
분명히 말하자면
모든 것이 땅속으로 침하하고 있다
너도, 나도, 또 땅 위의 모든 것들이

낙엽 사이로 조금 보이는
내 얼굴이 쓸쓸한 미소를 짓고
모든 것을 수긍하고 순응해야 하는
그것을 숙명이라 여기며
조금씩, 조금씩 몸을 숨겨야 한다

조금씩 침하하던 것이
완전히 보이지 않게 침식된 뒤에
비로소 소멸한다는 것이 어떤 것인지
깨달아 육신은 물론 영혼까지도
완전히 사라져 버린 나를 보게 되는데

기억을 걷는 시간

하얗게 바래진 기억 속에
흐려진 렌즈의 초점
가물가물해지는
빛바랜 기억을 잡고 있습니다

서리꽃은 하얗게 피었고
가야 할 길은
얼마나 남았을까
지나온 시간 회오(悔悟)만 남습니다

텅 비어 버린 가슴속에
차곡차곡
채워 나가는 기억들
더 이상 채워지지 않아 타는 갈증

엉켜진 실타래 되어 풀리지 않는
연무 속에서 헤매며
시간이란 외줄을
아슬아슬하게 걷는 바우덕이입니다

3부

굴레

굴레

격한 감정에
말도 갈지자걸음을 걷는다
그러든 말든 따발총으로 퍼붓고
홀연히 집을 나섰지

끄느름해지는 시간
안절부절못하는 마음
아이들은 왔을까
밥은 챙겨 먹었을까
따발총 맞은 사람 어떡하고 있을까
상처가 얼마나 깊을까
곪지나 않는지
보일러는 들어왔을까

청승맞은 몰골로
집 주위를 배회해 본다
그러다 나 자신에게 화가 난다
평생 헤어나지 못하는
그 썩을 놈의 연민 때문에

발바닥이 웃는다

모처럼 호강이다
어둠의 자식처럼
햇빛 보기가
장님 눈뜨는 것보다 힘들었는데

*그래서 심통을 부려
이로 깨물기도 하고
송곳으로 찌르기도 하며
어떤 때는 불로 지지기도 했었지

오늘은 어쩐 일인지
대명천지에 맑고 신선한 공기로
목욕까지 시키며
아카시아 꽃 카펫을 걷게 하니
이런 호사가 또 있을까

뽀드득 밟히는 아카시아 꽃
향긋한 내음과 감촉
저절로 웃음이 나
없는 입이 한껏 찢어지는데

2연은 당뇨합병증으로 발에 고통이 심한 증상 때문에

돼지는 넘어져야 하늘을 본다

참으로 난감한 상황
주위를 둘러보니
아무도 보는 사람이 없다
다행이다 하고 정신을 차리니
시리도록 푸른 하늘이 눈에 들어온다

아! 얼마 만인가
이렇게 아름다운 하늘을 본 지가
저토록 아름다운 하늘을
왜 여태껏 제대로 보질 못했을까
돼지는 넘어져야 하늘을 본다 했는데
넘어져 보니 똑바른 하늘을 볼 수 있다

크게 다친 곳은 없지만
자칫 잘못했으면 목숨이 위태로웠다
이 산 위에서, 그것도 아무도 없는 곳에서
이대로 굴러 산 아래까지 갔다면
영락없는 시체 신세다
그래도 아름다운 하늘을 본 것에
한 가닥 위안을 삼아 보는데……

무심(無心)으로 돌아가서

꿈속에서였다
가슴에 안았던 새가
푸드덕하며 하늘로 날아오른다
한 마리 새를 놓치고 난 후
텅 비어버린 마음
왜 그리도 아쉽고 허망했는지
꿈이어도 그리 아쉬운 것을
현실이었다면 얼마나 가슴이 쓰릴까

언젠가 그랬지
내 것 아닌 것은 탐하지 말자
그것이 세상 제일 마음 편한 것이라고
그런데도 사람의 마음인지라
그것을 내려놓지 못함이니
그래 이젠 비우고 내려놓자
자글자글 끓던 마음 다 쓸어버리고
공명이 울리도록 비워보자

매일 달을 향해 나는 새

무슨 고집일까
가당키나 한 일을 해야지
그건 고집이 아니라 집착이다

집념도 집념 나름이지
다른 일에 쏟아부었다면
구 만리장성은 쌓았을 텐데

그래도 허구한 날
달을 향에 날개를 퍼덕이니
하긴 그 집념이 가상하긴 하다

자글자글 끓는 마음
오르지 못하는 달을 향해
오늘도 피 토하는 심정으로 나는데

제 몸 부서지는 것을 모르고
계란으로 바위 치기 하며
붉은 심장 시퍼렇게 멍들이면서

가질 수 없는 것이 더 아름답다

소유한다는 건
손아귀에 틀어쥐고 펼쳐보면
적나라하게 볼 수 있는 것

그 적나라함으로
지금껏 꾸어 왔던 꿈이요 환상이
조롱 밖 파랑새가 되어 날아간다

놓친 후의 그 허망함
아니, 그건 놓친 것이 아니라
스스로 현실을 본 건 아닐까

잡을 수 없는 파랑새
반투명 창 뒤의 실루엣으로 보던
그 사물에 대한 궁금증 같은 것

그 모든 것들이 자신에게서
저만큼 떨어져 장막에 가려 있어
더 간절한 그리움이었는지 몰라

생강 꽃이 피었다

삶의 의욕을 잃었다
소파에 찰거머리처럼
착 달라붙어
이불로 고치를 틀고 누워서

천정에 고정시킨 눈동자
꿈을 꾸는지
허상을 좇는지
미동도 하지 않고
그대로 눈을 감기면
천 년을 감고 있을 태세다

生과 死의 갈림길에서
차라리
한 줌의 재로 사위어졌으면
이 고통도 없어질 텐데

봄이 되었는데도
계절이 바뀌는지 모르고
마음은 여전히 겨울에 머물러 있는데
배리배리한 얼굴엔
노란 생강 꽃이 피었다

우울증으로 1년 동안 먹지도 자지도 못했을 때

낙타의 혹에 대한 사유

짊어지고 가는 무거운 짐
그대는 아시는지요
모두 삶의 무게라 하는데
또 다른 연유가 있지요

터져야 하는 곰삭은 외로움
기름 다 짜낸 깻묵으로
켜켜이 눌러 담아 두어
선한 눈빛의 낙타에게 지웠지요

가질 수도 놓을 수도 없는
케케묵은 아집 덩어리
보기 싫다 밀쳐놓은 것
고스란히 그 속에 담겼다오

이제 미련도 후회도 없는데
지금껏 살아온 삶 중에
못되고 삿된 것들을 모아
착하고 순수한 낙타 등에 실었지요

동백꽃 연정

어이할까, 이 단심을
임을 향한 연심이
심장에 꽃을 피웠는데
시샘하는 마칼바람*의
칼끝에 견디지 못해
사방 천지에 선혈로 물들었다
죽어서도 죽지 못한 연정
핏빛 꽃으로 피어 환생하고,

* 마칼바람: 뱃사람들의 은어로, '북서풍'을 이르는 말

그대, 날개를 펴라

풍랑이 화를 돋워
바다가 검푸르게 변했다
검푸른 정도가 아니라
오장이 부글부글 끓고 있는데

감당 못 할 해일까지
가슴으로, 가슴으로 밀려와
가만히 서 있는 것조차
버겁고 벅차기만 하지만

그렇다고 가만히 서서
노도가 되어 밀려오는 풍랑
악마의 망토가 되어 덮는
그 해일 그대로 당하시겠는지

그대 더는 움츠리지 마라
절망의 끝에서도 희망은 있나니
두 눈 부릅뜨고 하늘을 향해
내재해 있던 기상으로 비상하라

그리고 그리움

예전엔 그것을 미처 몰랐다
마음속으로 얼마나 갈망했는지

그때는 내 의지가 아닌
타인의 강요에 의한 것이기에

강요할수록 치솟는 반항심
진저리치게 싫어 거부했지

어느 날 문득 생각나는 것들
묻어둔 갈망이 사로잡기 시작해

그것은 생의 염원이었던 것을
회한으로 젖는 마음은 슬퍼

백지에 깨알처럼 그려 넣은 마음
그 마음이 글이 되어 하늘을 난다

묵언 속에 부는 바람

이제 갈 것은 다 가고 없다
휑하니 비워진 광장
둥둥 떠다니는 침묵만 남았는데

침묵은 이제 묵언 수행하는
수행자가 되어
행여 소리 날까 봐 까치발하고

고요는 고요 자신의 재량 하에
최대한 자세를 낮추고
공기와의 마찰을 줄여나간다

바스락 소리에도 손가락이
입으로 가며 쉬쉬하지만
거센 바람은 당할 재간이 없다

그렇게 묵언 중인 가슴에도
거세게 부는 바람
진정, 진정으로 재울 수 없음이니

바닷새에 대하여

지금도 외로운 영혼
음울한 눈동자에서 눈물을 떨구며
광활한 허공을 떠돌고 있다

넘실거리는 파도는
긴 혓바닥을 날름거리며
접었다 펴기를 반복하여
허공에 있는 영혼을 위협하는데

그런데도 슬픈 날개를 펴고
쉼 없이 선회하며 날아야 했지
살기 위한 몸부림이었을까
긴 고독의 끝에 조금은 쉬고 싶었는데

그것이 숙명이고 운명이었는지
날지 않으면 죽을 것 같아
하얗게 바래진 슬픈 날개를 펴고
바다를 박차고 푸른 하늘로 올라가는데

밤 노을 속에

언젠가 벗어나고자 했지
이 진한 고독
감당하지 못하는 아픔
핏빛 가슴은 속으로만 잦아지고

층층이 그러데이션으로
쌓이고 쌓인 슬픔의 무게
흩뿌릴 눈물도 말라버렸는데
그런데도 가슴은 자꾸만 젖는다

이지러진 기억의 한 단면
버리지도 가지지도 못해
끝내 가슴에 안고 가야 하는데

아, 하늘은 왜 저리 붉어
핏빛 가슴에 덧칠하는가
그러고도 모자라 뚝뚝 흐르는
아직도 목마른 갈망의 방울들

사람이 산다는 것은

사람이 산다는 것은
어떤 사람은 일엽편주 하나
저 넓은 바다에 띄우는 일이라더라
또 어떤 이는 쓴 소태를 입에 넣고
한 생을 씹는 일이라더라
그런데 내가 보기엔
섶을 지고 불 속을 뛰어드는 거더라
세상사 부대끼며 열기 가득한 곳에서
치열한 전쟁을 해야 하는 것이기에

밤안개 속에서

그날 밤
그 도시는 모든 것이 환상으로
몽환 속에서 허우적거리고
모든 사물이 둥둥 떠다녔지

분명한 것은 하나도 없고
선을 그으면 분해되어
흐느적거리며 어디론가 사라져
내 영혼까지 사라져 버렸어

너를 찾아가는 그 길은
뭉글뭉글 피어나는 안개로
시작이 어디인지 끝이 어디인지
알 수 없어 헤매고 다녀야 했어

기진한 몸 일으키지 못하고
어느덧 나는 안개가 먹어버렸고
너도 안갯속으로 빨려 들어가
우린 그 밤, 안개에 싸여 지워져 갔지!

나팔꽃

사랑, 그리고 그리움

손가락에 선혈이 흘러도
희망 하나 가슴에 품고
밤이면 밤마다
낮은 포복으로 기어가고
아침이면 피어난 사랑
애절한 사랑 노래 부르다
처절한 마음 안고 가야만 하는
슬픈 운명의 애잔한 꽃이여

덧없는 사랑이여!

그 아픔까지도

사람마다 가슴에
옹이 하나는 안고 산다
다만 그 크기가 다를 뿐이지

그 옹이가 클 동안
얼마만 한 고통을 감내했을까
내 옹이가 크는 동안
그 아픔의 농도를 측정하겠다

동병상련이라고
서로 측은하게 생각하자
내 아픔이 너의 아픔이니까

조금 더 따뜻한 시선
조금 더 따뜻한 손길
서로의 아픔 보듬어 주는
아량 하나쯤을 가지고 살았으면

동짓달 긴긴밤에

시린 손끝에서
묻어나는 설움이 밤에는
명주실을 뽑듯 길기도 길다

냉기가 살살 올라오는
온돌방 아닌 냉돌방에서
밤이 되면 추위에 더 시달리는데

끝없이 이어지는 밤
아이는 곱사등처럼 웅크리고
빨간 코를 하고 잠들었다

있는 자와 없는 자와의 대비 속에
밤까지 그 대비를 이루어
온탕과 냉탕을 오간다

크리스마스 캐럴의 흥얼거림도
타인의 세상이라 생각하는
추위와 싸우는 동짓달 긴긴밤에

바람을 견디는 법

떠도는 유랑인도 아니면서
매일 새로운 길을 찾아 나선다
험난하기 짝이 없는 세상
잘 살피지 않으면 힘든 삶이다

거친 세상, 때로는 갈대가 되어
모로 눕기도 하고
옆으로 휘어지기도 하며
정면으로 부딪치지 말아야 한다

거센 힘으로 뽑으려 해도
꼼짝 않고 그 자리서 흔들리지 않는
뿌리 깊은 나무가 되어
천 년 바위처럼 움직이지 말아야 한다

어떨 때는 몸을 얇게 만들어
바람과의 마찰을 최대한 줄여
그 사이로 빠져나가기도 해야
거대한 삶이란 바람을 견디는 거더라

바람의 언덕에서 너에게 편지를 쓴다

왜 여기까지 왔을까
나무들은 바다를 외면하고
바다는 바람이란 매파를 보내
자꾸만 끌어안고 싶어 하는데

괜스레 엇나가서
마음하고 다르게 행동하는 걸까
깊이 사랑하면서도
그러지 않은 척할 때가 있더라

그런데 왜 나는
이 높은 곳에서 바다를 바라보며
네가 생각나는지 모르겠어
내가 바다일까, 아님, 네가 바다일까

바다와 나무, 그리고 너와 나
어떤 상관관계가 형성되어 있기에
네 안부가 궁금해지고
내 안부를 전하고 싶어지는지……

겨울 소곡(小曲)

1
사그락사그락
눈 쌓이는 소리가
내 임 오시는 발걸음 소리
그래서 오늘따라 정겹다

2
소복하게 눈 쌓인
오두막에서 비치는 불빛
그 따스함에 문득
군불 속의 군고구마 생각나네

3
고사목에 피어 있는
하얀 눈꽃이 오늘따라 눈부신 건
생의 끝자락에서도
아름다울 수 있는
생명의 신비를 보았음일까

4

차가운 해풍을 맞으며
정열의 붉은 꽃 피워낸 동백
동박새와 함께한 슬픈 전설
편편이 떨어진 꽃이
선혈로 보여 더 가슴 아프다

그리움 한 조각 베어 물고

돌아가고 싶다
문득문득 떠오르는 곳
바래고 찢긴 기억이지만
아직 가슴속에 아로새겨져 있어
흐릿한 잔상으로 속눈썹에 달려 있다

봄이면 엄마 닮은 목련이
화사하게 피어 방그레 웃어주고
여름이면 아름드리 상수리나무에서
짝을 찾는 매미가 목청을 돋웠는데
지금도 그 모습 그대로일까, 보고 싶다

긴 세월을 훌쩍 뛰어넘어
코흘리개에, 볼이 빨갛던 아이가
이제 이랑 진 얼굴에 서리꽃 핀 머리
흐린 눈동자에 우련하게 보이는 풍경
그립디 그리운 고향으로 돌아가고 싶다

나의 노을 속에서

태워도, 태워도
다 타지 않은 붉은 하늘이
가슴 안에서 기포가 되어
가득하다 못해 온몸에 스민다

삶의 길목마다
용해하지 못해 침전물로 남은
사념의 방울들이
이제 뒤엉켜 붉게 변했다

하루를 밝히고 가는
태양의 뒷모습은
찬란하다 못해 황홀한데
그 속에 녹아들고 싶은 염원

이울어가는 몸이지만
아직 남아 있는 열정을 다해
생의 끝자락까지
아름다운 노을 속에 물들고 싶은데

서글픈 빈자(貧者)의 노래

바람이 분다
시린 바람이 가슴에서 분다
그럴 때마다 마음도 흔들리고
온몸이 흔들리고, 지축도 흔들린다

바람이 불며 지나간 자리
비수가 저미고 갔을까
흐르는 선혈과 함께
불에 덴 듯 뜨겁고 아프다

한 잔 술로 목을 축이고
설움에 겨워 꺽꺽거려도
함몰된 가슴엔 눈물만 고이고
응어리진 마음은 결코 풀리지 않는데

하늘을 향해 절규해도
공허한 메아리만 되어 돌아올 뿐
두 주먹 불끈 쥐고 흔들어도
부메랑 되어 가슴에 박히는 공기의 파편

4부

이별 연습

이별 연습

사람과 사람 사이엔
다감함이 있어 좋았지 싶다
그렇게 좋았는데
이제는 떼쳐내고 싶어진다

마냥 좋아하다가는
언젠가는
가슴을 베어 선혈이 흐르고
주체할 수 없어
꺽꺽 울음을 토할 것 같아

눈에 보이지 않게 조금씩
아니, 한 발자국씩
멀어지는 연습을 해야
의식하지 아니한 사이
서로가 보이지 않아도
그저 그러려니 할 수 있지 싶으니

모든 이에게
존재하지 아니하였던 것처럼
시나브로 그림자까지 지워지게

흔들리는 세상에서

버스도 타지 않았는데
하늘이 뱅글뱅글하고
어질어질한 것이 멀미가 난다

팍팍해지는 삶 속에
타인과의 사이는 강팍해지고
온전한 정신으로 산다는 것은
낙타가 바늘귀로 들어가는 것과 같아
하루하루 버티기가 참 힘이 든다

지구는 가만히 있는데
지축이 흔들리는 것 같아
자꾸만 자빠지고 고꾸라진다

술도 마시지 않았는데
하늘이 노랗고 속이 메스꺼워
노란 똥물까지 토해내야 하는
혼란하기 짝이 없는 카오스 세상이다

겨울나무

꿈도 꾸지 말자
하늘도 보지 말자
자꾸만 아래로 흐르는
빈 가지의 허무한 마음

툭툭 불거진 살갗에
비수가 에이는 아픔을
바람이 주고 간다 해도
인내해야 하는 서글픔

뼈마디마다 흐르는 골수
아직은 멈추지 아니하니
지금은 강파르고 야위었지만
그래도 희망을 품어 보자

밟고 선 땅에서 솟아나는
따스한 온기가 가슴에 흘러
두 팔을 벌리면 잡을 것 같은
하늘을 날아가는 한 마리 휘파람새

쓸쓸한 계절

나뭇잎 떨어져 쌓인 계단은
불어오는 바람으로 스산하고

서걱거리며 울어 예는 억새
나부끼는 하얀 머리가 서럽다

끊임없이 내리는 저 비는
소리마저 처량하고 애잔한데

애처롭게 달린 남은 잎새
방울방울 흘리는 눈물의 의미는

온 산야를 태우는 저 불길은
태우다, 태우다 지친 내 가슴인데

와인 빛보다 더 붉은 노을은
쓸쓸한 계절만큼이나 처연타

나이 한 살을 더 먹으면서

문득
몸과 마음이 참 무겁게 느껴진다
이제는 거추장스러운 것들은
모두 버려야겠다는 생각이 든다

지금까지 지녀왔던 아집부터
마음을 꽉 채웠던 욕망과
늘 열고 살았던 귀도 닫고
입도 찹쌀 풀로 자주 붙이자
눈높이도 조금쯤 낮추어 살고
내 것이라 움켜쥐고 있던 것
이웃들에게 조금씩 나누어 주고
높이 세웠던 벽도 허물어서
이웃들과 서로 보고 웃으며 살자

이제 무엇을 더 바랄 거나
얼마나 더 살겠다고 아등바등
썩어빠진 동아줄을 움켜쥐고
바들바들 살을 떨며 살 것이라고

흔들리는 영혼

추구하는 것이 무엇일까
안개 자욱한 이 거리에서
불확실하고 불투명한데
무엇을 잡고 의지해야 하나

살아갈수록 해답이 없는 삶
허우적거리면 거릴수록
더욱 깊이 빠져드는
끝을 모르는 수렁인 것을

부릅뜬 눈동자 속에
밀려오는 모래바람
떼려 하면 더욱더 달라붙어
피를 빨아먹는 거머리처럼

나뭇가지만 흔들리는 것이 아니고
들꽃만 흔들리는 것이 아니라
영혼이 뿌리째 흔들려
바람 앞의 등불 신세가 되는데

그 모퉁이를 돌아가면

오늘도
여느 때와 다름없이 길을 간다
유년 시절에 길을 갈 때는
늘 신작로만 있는 줄 알았다

그런데 아니더라
때로는 자드락길에서
동행할 사람을 만나기도 하고
비탈길에서 숨차 하기도 했지

에움길을 걸으며
유유자적 자연과 벗도 했고
진정한 삶이 어떤 것인지
참 아름답다, 했는데

삶의 끝자락에서
안개 자우룩한 길을 걸으며
저 모퉁이만 돌아가면
살아온 궤적은 어디론가 사라지고
다음 생이 기다리겠지

황혼, 그 아름다움에

얼마나 아름다우냐
한 눈금의 오차도 없이
고루고루 따스함을 나눠주고
제집으로 돌아가는 태양의 뒷모습이

하늘과 바다, 그리고 구름까지
붉게 물들여주고
점점이 붉은 얼룩까지 찍어주는
그 아름다움에 가슴이 벅차다

얼마나 아름다우냐
한 줌 더함도 뺌도 없이
고루고루 사랑을 나눠주고
알맹이 없는 빈 껍질로만 남았지만

세월이 갈수록 쌓이는 지혜
이랑 진 골마다 흘러나오니
누구라 늙어 흉하다 하리오
내면의 아름다움으로 빛이 나는 것을

날지 않는 새

나는 누구인가
내가 왜 여기 있을까
아무도 오지 않는 섬에서
귀를 때리는 파도 소리 들으며

잿빛 하늘을 머리에 이고
고독과 전쟁을 하며
모든 건 망각 속에 빠졌다

어떻게 해야 내(自)가 나(我)가 될까
영혼까지 상실해 버린
날개가 있어도 기억을 잃어
나는 방법조차 잊어버렸다

철저히 외면당한
고독한 섬에서 살아남은
날기조차 잊어버리고
짓누르는 잿빛 하늘 아래
회빛 눈동자에 상실한 자아뿐

슬픔에게 묻는다

무엇 때문일까
모든 것은 흐르고 지나가는데
하나의 껍질을 뒤집어쓰고
벗어나지 못하는 달팽이 같다

차가운 바람은
가뜩이나 아픈 촉수를 건드려
젖어 가슴에 흐르게 하고
해일처럼 밀려오는 그리움은
또 하나의 고독을 삼키게 한다

어두운 장막 속에서도
반짝거리며 빛이 나는 존재감
결코 지워버릴 수 없는 기억
또 하나의 고도를 가득 채우는데

시리도록 파란 하늘
유유히 유영하며 떠도는 흰 구름
모든 것은 평화스럽기만 한데
왜 차가운 바람은 슬픔을 몰고 올까?

허상(虛像)의 바다

어디로 갔을까
분명히 보였는데……
수평선 위에 하나의 피사체로
점점 다가오는 것을 보았는데

아무리 찾아도 없다
솔기 사이를 뒤집으며 이를 잡듯
물 알갱이 사이를 헤집어 봐도
홀연히 사라져 어디에도 없다

산다는 것이 그러더라
잡히지 않는 허상 하나 두고
그것을 잡지 못해 안타까워하는,
그래서 고해의 바다라 하는가

무엇을 보았고
또 무엇을 잡았는지 모르는 세월
넓고 푸른 바다는 말이 없고
또 하나의 허상을 만들고 있는지

눈을 위한 서시(序詩)

지금 그리움은
날 선 비수와 같은 이빨을 드러내고
엉겨 붙은 상흔과 함께
뇌수를 갉아먹을 듯하다

잘 익은 석류 빛깔만큼
투명하고 처연하게 다가오는
슬픈 그림자같이,
늘 동행하는 애련한 그리움

이제는 잊었다, 생각했는데
이렇게 링반데룽*에 시달리는 건
아직도 그리움이란 자력에서
벗어나지 못함은 아닐까

하얀 설원 위를 돌고 돌아
그 추억과,
그 아픔과,
그 그리움을
지워내지 못하기에
오늘 또 한 편의 詩를 쓰게 하는데

* 링반데룽(Ringwanderung): 등산에서, 짙은 안개 및 풍우를 만났을 때나 밤중에 방향 감각을 잃고 같은 지점을 계속 맴도는 일

저장하지 못한 데이터처럼

당혹스럽다
왜 기억을 할 수 없을까
뇌리의 메모리칩이 에러가 나
다 날아가 버렸을까

기억 하나하나가
날개가 달려 저 멀리 날아가
잡으려 해도 잡히지 않는
그 사람의 마음 같다

가슴에 다 담았으리라 했던
그 많은 추억이
한 줄기 연기가 되어
유체 이탈하듯 하늘로 날아갔을까

살다 보면 그렇더라
저장하지 못한 데이터처럼
손안에 있다 했던 것들이
빈손밖에 없을 때의 그 허망한 마음

늘어가는 나이테지만

삶의 연륜에서 인품을 느낀다
늙는 것이 아니라 익어간다 하는데
와인도 오래 숙성시킨 것이
깊고 오묘한 맛이 난다 하지 않는가

얼마나 많은 날을 살았고
얼마나 많은 태양과 공기를 흡수했나
그 속에 헤아릴 수 없이 많은 자양분이
세포 하나하나에 스며들었지

수많은 세월의 흐름 속에서
터득한 지혜와 지식이 녹아들어
척추를 세우고 뼈와 살을 만들고
그 토대 위에 한 단씩 쌓은 연륜

늙는 것을 두려워하지 말자
태양도 낙조가 더욱 아름답듯이
주름진 얼굴에 온화한 미소가 있는
황혼에 물든 인생도 아름답지 아니한가?

창 너머에 지는 별

방관자라 하지 마라
관음증을 가진 사람처럼
사각지대 없는 시선 속에
추호도 흔들림 없이 바라보았지

언제나 주파수를 맞추고
텔레파시를 보내고 또 보냈는데
빛이 반사하듯 그냥 돌아와
허망한 마음 포기하려고도 했는데

그런데도 그건 나의 우주였기에
그, 아니면 생존의 가치도 없어
모든 것을 걸고라도 지켜내야 할
하늘의 별과 같은 존재였었지

그러나 그 별도 결국 유성이 되더라
까마득하게 먼 곳에 있었기에
진정 원치 아니한 방관자가 되어
자책하는 마음 유랑하는 별이 되는데

늙는 것에 대하여

지는 태양의 긴 꼬리에
드리워진 저 붉은 노을
진정 아름답지 아니한가

때로는 허무를 품은 눈동자
하늘에 둥둥 떠다니고
육신은 점점 땅으로 가라앉지만
그곳이 설령 무덤이 된다 해도

긴 세월 살아온 궤적을 보면
환하게 웃었던 날도
검은 장막으로 숨고 싶은 날도
하나하나 아름다운 발자국인데

세월이 가면 녹슬게 마련이고
삐거덕거리게 마련인 것을
그래도 노을 진 하늘이 아름답듯
늙음을 서러워하지 말아야 할 일이다

하얀 겨울의 연가

하얀 계절에 떠나지 마라!
그러나 떠나는 것은
자연의 섭리라 어쩔 수 없다네

한 사람씩 사라져 가는 것
잊지 않으리라 하고
가슴 심연에 담아 두었던 추억

세월의 허상을 붙잡아 두고
몸서리치게 슬펐던 날들
불망으로 남아 가슴에 새긴 화인(火印)

소복하게 눈 쌓인 창가에서
햇살에 투영되는 그 모습
언젠가는 지워지겠거니 하지만

하얀 겨울의 들녘에 서면
아직도 가슴이 아리고
눈시울이 뜨거워지는 건 어쩔 수 없다네

달팽이의 집

갈 수 있을까
그곳은 멀고도 멀어
내 걸음으로
얼마를 가야 닿을 수 있을까

삭막한 세상
콘크리트 숲이 울창해
무릎도 닳고 뼈도 시리고
태양 볕에 점점 시체가 되는데

그런데도 가야만 한다
더디 온다고 하지 마라
일생이 걸려도 갈 것이야
가야만 하는 소명이 있으니까

그곳에 가야만이
내 뉠 곳 있으려니
온몸을 오므려야만 들어가지만
내 집이 그곳에 있으니까

하오의 소낙비

잠재해 있던
의식의 일부분이
잠에서 깨어나 스멀거린다

지금까지 억제한
욕구가 충동적으로 분출해
소용돌이 속으로 휩싸이는데

꿈틀거리던 욕구는
가장 찬란했던 시절
절제해야 한다는 잠재의식으로
가슴 심연에 묻어야 했고

세월이 훌쩍 지난 뒤
빨갛게 달은 인두로 지지는 듯
몸서리치는 후회로 남았다

가끔 불꽃에 휩싸이는
아직 다 태우지 못한 심장 한 부분
욱신거리는 통증으로 견딜 수 없는데

사라져가는 날들

시간이 편편이 잘려
허공으로,
어둠으로,
어딘지도 모를 곳으로
사라져 간다
곁에 있는 줄 알았는데
어떻게 가는지
달려가다가
날아가다가,
눈 깜짝할 사이 보이지 않는다
허망한 세월, 무상하기만 하지만
편편이 잘려나간 시간엔
아름다운 추억이
오롯이 담겨 있어
하나의 잔상으로 남아 있는데

하얀 그리움의 연정(戀情)

이제 기억도
오래된 흑백영화처럼
군데군데 스크래치가 나서
낡고 바래고 찢겨나갔다

가물가물한 의식 속에
한 줄기 빛으로 머문
추억의 끝자락을 붙잡으며
그래도 빙그레 미소 지을 수 있어

무수한 하늘의 별 중
긴 꼬리 드리우며 사선을 그리는
하나의 유성에서
그의 흔적을 발견하고

언젠가 나도 간다면
저 별나라 찾아가 유성이 될 거야
가슴속에 화인처럼 찍힌
그 사람을 결코 지울 수가 없으니까
언제가 될지는 모르지만……

세월의 길목에서

이제 천천히 가고 싶다
그동안 쏜 화살처럼
야생마가 미쳐 날뛰듯
숨 쉴 사이도 없이 달렸는데

기다려주지 않는다는 것
고갯마루 위에 올라
휘하고 한숨을 쉬고 보니
이제야 그 소중함을 알겠다

돌아봐도 보이지 않고
잡으려 해도 절대 잡히지 않는
세월의 길목엔 자욱한 안개와
삭막한 바람만 불어대는데

이제 여유를 가지고 싶다
따라오는 그림자까지 보듬는 마음으로
주위도 차분히 살펴 가며
고개 들어 푸른 하늘도 보아가며

삶 속에서 보는 길

보십시오
무엇이 보이는지를
아무리 눈을 닦고 보아도
무릎까지 덮이는 안개뿐

열 손가락에 불을 켜고
더듬고 더듬으며 가는 길

온 세상이 어둠에 물들어도
끝낼 수 없는 여정이기에
가시덤불, 사금파리에 베어
선혈이 흘러도 가야만 하죠

비록 신기루를 꿈꾸며
허방다리를 짚으며 간다 해도
가다 보면 어딘가에
등댓불이 환하게 비춰줄 것이라
그 믿음이 있기에
오늘도 안갯속을 더듬으며 갑니다

슬픔에 지치거든

슬픔에 지치면 아픔이 되더라
그것을 잊으려 술을 마셨지
마약을 먹으면 정신이 마비되듯
술은 아픔을 마비시키더라

혼몽한 상태로 하늘에 삿대질하고
식탁을 죽으라 두들겨도 보았지
죽으라고 두드린 식탁은 멀쩡한데
손이 시퍼렇게 멍이 들어 더 아프더라

슬퍼서 아프고 두드려서 아프니
결국엔 내 손해라는 걸 깨닫지

슬픔에 지쳐서 못 견딜 때는
시리도록 푸른 하늘 눈망울에 담아
내 안에 호수 하나 있다 하고
가슴으로 그 물 담고 또 담아두리

슬픔도 아픔도 내 안에서 생기는 것
그것도 스스로 만든 것이니
나를 죽이는 일이 나를 살리는 일이더라

인생, 황혼의 노래

하루의 소임을 마치고
서산마루에 걸터앉아
쉬고 있는 저녁노을의 찬란함

무언가 소임을 마치면
마음 한 곳의 뿌듯함이
밀물처럼 밀려와 가득 채우곤 했지

하루를 살아내기란
늘 허기지고 고달팠지만
최선을 다했다는 자부심도 있어

오늘도 무르기 직전의 오이지
한 개의 유실도 없이 가름하여
먹을 수 있게 저장한 뒤의
기분 좋은 노곤함이 참 좋다

힘든 삶 속에서
꽃을 피워 열매를 맺고 거두며
미소 지으며 돌아볼 수 있는 여유
황혼에서만 맛볼 수 있는 재미 아니든가

5부

어떤 삶의 모퉁이에서

어떤 삶의 모퉁이에서

어느 그늘진 골목에
돌멩이 하나로 굴렀더라도
귀한 존재로 생각하자

그것이 예전엔 무엇이었는지
아무도 모르는 일
삶은 때로
예기치 않은 길로 접어들어
홀로 굴러갈 때가 있더라

하늘 푸른 시절 꿈꾸었고
노을 붉게 물든 세월도 있었지
그리고 허방다리도 집으면서
그런데도 이렇게 살아지더라

구르고 굴러
어느 낯선 곳에 당도하더라도
그곳에서 새로운 꿈꾸어 보자
살아보라 주어진 삶
어떠한 상황이라도 기죽지 말고

크낙새의 꿈

부리는 늘 상처투성이
선혈이 흘러
붉게 물들인 나무
쫀 곳에서 떨어지는 언어의 파편들

하늘을 오르기 위해
둥지를 틀어
떨어진 파편들 주워 모아
부화시키기 위해 품어 보는데

하늘은 멀고 먼 나라
아무리 품어 보아도
부화되지 않는 것은
배움 부족일까, 능력 부족일까

날개를 펴 날아보면
우수수 떨어져
사라지는 언어의 파편
지금도 꿈을 위해 파편을 줍는데

책갈피에 담아 두었던

문득 섬광이 번쩍이며
기억의 한 단면이
눈앞에 영화의 신이 되어
잠시 활강하다 안착한다

갑자기 심장의 박동수가
그 수치를 높이더니
조급 해지는 마음
다락으로 한달음에 올라가는데

열 손가락에 눈을 달고
눈 달린 손가락에 뚝뚝 흐르는 땀
깊은 한숨과 함께 건져 올린
긴 세월 잊고 있던 소중한 추억

잊고 있었다는 자책과 함께
그때의 열정이 회오리치며
돌아앉았던 추억과 그리움
그 뒤안길을 다시 헤매는데

찬란한 태양 뒤엔

저 찬란한 태양 뒤엔
언제나 눈물 흘리는 구름이 있다
좋은 건 자기 차지였고
그래서 구름은 뒤로 밀려나게 되었지
슬픔이 깊은 구름은
가슴에 강이 하나 생겨
눈으로, 눈으로 당겨 올려
바다로 보내야만 그 강을 주체할 수 있었어

저 찬란한 태양 뒤엔
태양의 권위에 눌려 파랗게 질린 달이 있다
여명이 밝아 오기 시작하면
어딘가 숨어야 할 곳을 찾는 달
어쩌다 태양과 마주치면
하얗게 질려 바들바들 떨어야 했지
반쪽 얼굴만 내놓은 것은 태양이 무서워서일까
자신만이 이 세상에 가장 우월하다
그 권위에 질린 구름도 달도
울어야 했고 파랗게 질려야 했다

지친 집시의 꿈

길 끝에는
늘 또 다른 길이 있었다
휘어진 허리로 당도하면
언제나 유혹하는 손짓이 있었어

시린 바람은 무릎을 파고들고
덜거덕거리는 소리까지 나
이제 다리가 또 하나 필요했다

내려앉는 회빛 하늘로
점점 작아지는 키
앉은뱅이가 되어 길을 쓸고 다녀도
끝없는 길 위의 삶은
닳은 손톱 피멍까지 들게 했지

그런데도 가야만 한다
희미해진 눈으로
아스라한 기억을 더듬어
시작했던 곳에서 끝내고 싶은 욕망
연어가 물길을 거슬러 회귀하듯

작별의 손도 흔들지 못했는데

가버렸다, 이제
겨우내 화롯가에 붙은
강 엿보다 더 질기게 눌어붙어
사람의 진을 빼더니

언젠가 가리라 했지만
찰싹 붙은 꼴이
떨어지지 않을 것 같아
제 맘이지 태무심으로 일관했다

그런데 어찌하랴
몰래 가려니 슬프기는 했는지
천지사방에 눈물을 흩뿌려 놓고
산모퉁이를 돌아가는 뒷모습

적이 안심도 되면서
가는 뒷모습 보니 애잔키도 한데
그것이 세상사 이치려니
사람의 일이라 망각도 빠르더라

슬픈 순례자

삭막한 세상, 얼어붙은 땅
파리한 영혼은 파랗게 물들고
빈한한 가슴은 공명만 울리는데

피카소의 청색 시대가
슬픈 눈물을 흘리고
뭉크의 절규가 둥둥 뜨는 하늘

아이들의 웃음이 사라진
어느 어둑한 골목길엔
술 취한 이의 남루한 옷이
길 위의 쓰레기를 쓸고 간다

이상이 상실되고 붕괴해
스스로 혼돈 속에 빠져들어
흐느적거리는 공허함 뒤의 무력감

첨탑 위에 걸린 노을은
아직 남은 선혈을 뚝뚝 떨어뜨리고
쉬었다, 또 쉬어간다

회빛 하늘 뒤에 내리는 어둠
가도 가도 황량한 벌판
내가 찾는 성지는 어디에 있을까?

설야(雪夜)

창호지 문틈으로
문풍지가 바르르 떨리며
때 아닌 나팔을 분다

이제껏 경험으로
문풍지가 그러할 때는
누군가가 오곤 했는데

이 야밤에
누가 오려고 그리할까

사그락사그락
그 임의 발걸음 소린가
두근거리는 가슴 지그시 누르고
등잔불 심지 돋우며
열어본 문밖에
하얗게, 하얗게 눈부신 손님
반가운 그임이 오시고 있네

바람 속의 여자

저 하늘에 날리는 고독의 웃음
해진 옷 빛깔만큼이나 시리다
휘날리는 치마 속엔
아직 잊지 못하는 그리움이
구름이 되어 뭉게뭉게 피어난다

풀꽃보다 더 가냘픈 허리가
바람 부는 방향 따리 휘청거려
그럴 때마다 풀어진 머리가
한 올 한 올 슬픔으로 나부낀다
새털보다 더 가벼운 그녀는
어느 날 검불이 되어 날아가는데

아,
세월의 그림자가 저리도 붉을까?

만추(晩秋)의 이별

가슴속에 불이 탄다
서걱거리는 길 위에서도
걸음걸음 지르밟는 불길이다

붉은 혀를 날름거리며
유혹하는데 현혹되어
그 마력에 숨 가빠지려는데
눈빛이 싸늘하게 식어간다

채 익지 않은 풋사랑
별리의 눈물이 쏟아지는
가슴 심연에 머문 미련

잡아도 잡히지 않는
짧은 사랑 뒤의 남는 아쉬움
그래, 보내주자, 시원하게
화자정리면 거자필반이라니까

다시 그 시간 속을 걷다

뽀얗게 피어난 해무(海霧) 위로
봉문(封墳) 하나만한 섬이
하늘을 보며 둥둥 떠 있다

뒤엉킨 실타래 속에서
실 끄트머리를 찾아
솔솔 풀리듯 풀리는 기억들

하늘 향해 더 높이 나는
젊은 한 무리의 웃음소리
경쾌한 리듬을 타고 흘렀지

그 소리에 놀란 갈매기 떼
웃음소리 따라 하늘 날고
남폿불 깜박이던 밤은 깊었어

일생을 통틀어 가장 즐겁고
아름다웠던 추억을 만든
그 섬으로 다시 돌아와 보는데

내일을 위한 약속

별 하나 하늘에 띄었습니다
가슴엔 수많은 별들이
서로 엉켜 뒹굴며
먼저 나가겠다고 아우성인데
겨우 하나만 먼저 띄었지요

별 하나에 꿈을 담고
또 다른 별엔 희망을 담고
하나하나에 소망하는 모든 것 담아
하늘에 띄우렵니다
꿈나무에서 자란별이니까요

별들은 우주를 밝히고
이 지구를 밝히고
또 나도 밝혀주겠지요
내일을 위한 희망을 위해서
저 하늘에서 언제나 밝혀줄 것입니다

그래, 거기까지만

꼭짓점이 흔들린다
간신히 접착제로 붙여 놓았는데
바람이 부는 것도 아니고
지진이 난 것도 아니면서

왜 흔들리는 것만 보일까
태곳적부터 뿌리박힌 바위도
잠시 잠깐씩 흔들린다고
바람이 지나가며 귀띔해준다

그래, 흔들고 싶으면 흔들어
그렇지만 거기까지만 하자

삶의 멀미로 토악질 나는데
뿌리내린 다리까지 흔들어대면
맨 정신으론 살 수 없어
영혼이 내게서 벗어날까 두려워

겨울이 걷는 소리

타박타박 걷는 소리가
땅 끝에서 들리는 가 했더니
언제 내 문전에 와서
푸른 입을 내밀고 들어오겠단다

남루한 입성에 얼은 몸
가년스럽고 처량해
끝내 문을 열어 주어야 했다

빙하보다 더 차가운 몸
내 뜨거운 가슴으로 녹여
한 계절 따뜻하자, 했는데

기어이 가야 한단다.
저 차가운 벌판을 지나
산을 넘고 강을 건너 다른 세상으로
온 천지에 하얀 서리꽃과 눈발 날리며
멀리, 또는 가까이 들리는
타박타박하는 소리

가을이 잠든 거리

한낮
떨어져 누운 잎새 위로
햇살이 강한 빛으로 꽂히는데
그런데도 파르르 떨고 있는 잎새

가녀린 그 몸 위로
고독의 그림자가 쓸고 가고
외로움의 눈망울 이슬 젖어
송이송이 하얀 꽃을 피우는데

지나간 계절의 그리움
아직 남은 자의 쓸쓸한 그림자
희미한 가로등 불빛 사이로
희끗희끗 보이는 하얀 가루들

삭막의 바람이 정적을 뚫고
이 거리 저 거리를 휘젓고 가면
누군가는 동안거에 들고
누군가는 거리를 떠도는 이방인

물푸레나무를 닮은 여자

도지현 지음

발 행 처 · 도서출판 청어
발 행 인 · 이영철
영　　업 · 이동호
홍　　보 · 천성래
기　　획 · 남기환
편　　집 · 방세화
디 자 인 · 이수빈 | 김영은
제작이사 · 공병한
인　　쇄 · 두리터

등　　록 · 1999년 5월 3일
(제1999-000063호)

1판 1쇄 발행 · 2020년 3월 20일

주소 · 서울특별시 서초구 남부순환로 364길 8-15 동일빌딩 2층
대표전화 · 02-586-0477
팩시밀리 · 0303-0942-0478

홈페이지 · www.chungeobook.com
E-mail · ppi20@hanmail.net
ISBN · 979-11-5860-744-9(03810)

이 도서의 국립중앙도서관 출판시도서목록(CIP)은 서지정보유통지원시스템 홈페이지(http://seoji.nl.go.kr)와 국가자료공동목록시스템(http://www.nl.go.kr/kolisnet)에서 이용하실 수 있습니다.(CIP제어번호: CIP2020007532)